Sandra Groksch

Musiktherapie

Musik und Entspannung

**Groksch, Sandra: Musiktherapie. Musik und Entspannung, Hamburg,
Bachelor + Master Publishing 2016**
Originaltitel: Musiktherapie. Musik und Entspannung

Buch-ISBN: 978-3-95993-035-2
PDF-eBook-ISBN: 978-3-95993-535-7
Druck/Herstellung: Bachelor + Master Publishing, Hamburg, 2016
Zugl. Martin-Luther-Universität Halle-Wittenberg, Deutschland, Seminararbeit, 2008

Bibliografische Information der Deutschen Nationalbibliothek:
Die Deutsche Nationalbibliothek verzeichnet diese Publikation in der Deutschen
Nationalbibliografie; detaillierte bibliografische Daten sind im Internet über
http://dnb.d-nb.de abrufbar.

© Bachelor + Master Publishing, Imprint der Diplomica Verlag GmbH
Hermannstal 119k, 22119 Hamburg
http://www.bachelor-master-publishing.de, Hamburg 2016
Printed in Germany

Inhaltsverzeichnis

1. Zum Einklang

Musik – heute fast überall zu konsumieren und allgegenwärtig, wird häufig nicht mehr ihrer selbst willen gehört, sondern immer mehr funktionell betrachtet. Anbieter spezieller Musik versprechen durch das Hören ihrer Musik bessere Leistungen am Arbeitsplatz, höhere Konzentration von Kindern in der Schule oder ähnlich wünschenswerte Effekte. Das Leben ist geprägt von Hoch und Tiefs, auch von Spannung und Entspannung. Dieser ständige Wechsel von Gegensätzen macht den Reiz, das Besondere des Lebens aus. Hat man beispielsweise nie Trauer oder ähnlich Negatives erfahren, kann man kaum riesige Freude und Zufriedenheit empfinden. Dies gilt auch für die Gegensätze Stress und Erholung. Da in der heutigen Zeit die Zeit an sich Mangelware geworden zu sein scheint, wird der Wunsch nach Entspannung und Ruhe immer größer. Das Verhältnis von Spannung und Entspannung wird oft als unausgewogen empfunden. Auch stressbedingte Krankheitsbilder treten insbesondere in den Industriestaaten häufiger auf. Diese Arbeit beschäftigt sich daher schwerpunktmäßig mit den Wirkungen und Anwendungen von so genannter Entspannungsmusik und gibt Einblicke in die Musiktherapie. Zu Beginn soll durch einen Überblick der Musiktherapiegeschichte der Grundstein für heutige Musikentspannungsmethoden gelegt werden. Weiterhin werden verschiedene Formen von Entspannungsmusiken dargestellt und deren Wirkung erläutert. Anhand einer aktuellen Studie wird anschließend die Wirkung von Entspannungsmusik untersucht und diskutiert. Dass das Hören von Musik bestimmte Wirkungen beim Menschen hervorruft ist sicher, doch sind jene ausgelösten Emotionen kaum präzise messbar oder vorhersehbar. Helga de la Motte-Haber (1972) umreißt die bestehende Problematik treffend: Messergebnisse (Puls, Atem, etc.) verlieren ihren spezifischen Charakter, man erhält lediglich das physiologische Korrelat, nicht aber den psychologischen Sachverhalt. Der Umweg andererseits: über Verbalisierung werden die individuellen Emotionen in das sprachliche Raster gepresst und somit auf das Kommunizierbare reduziert. Dies sei zu Beginn der Arbeit erwähnt, um ansatzweise auf Probleme der Thematik hinzuweisen.

2. Musiktherapie

2.1.   Definition (nach der deutschen Gesellschaft für Musiktherapie)

Musiktherapie ist der gezielte Einsatz von Musik im Rahmen der therapeutischen Beziehung zur Wiederherstellung, Erhaltung und Förderung seelischer, körperlicher und geistiger Gesundheit. Musiktherapie ist eine praxisorientierte Wissenschaftsdisziplin, die in enger Wechselwirkung zu verschiedenen Wissenschaftsbereichen steht, insbesondere der Medizin, den Gesellschaftswissenschaften, der Psychologie, der Musikwissenschaft und der Pädagogik. Musiktherapeutische Methoden folgen gleichberechtigt tiefenpsychologischen, verhaltenstherapeutisch-lerntheoretischen, systemischen, anthroposophischen und ganzheitlich-humanistischen Ansätzen.[1]

Als Formen werden die aktive und die rezeptive (passive) Musiktherapie unterschieden. Bei der aktiven Musiktherapie wird der Patient selbst aktiv entweder durch Instrumentalspiel oder Vokalaktivität. Die häufigste Form der aktiven Musiktherapie ist die Improvisation. Bei der rezeptiven Musiktherapie wird der Patient mit Musik konfrontiert und die dabei entstehenden Gefühle und Assoziationen geben Aufschluss über das innere Befinden und Blockaden des Patienten.

---

[1] http://www.musiktherapie.de/index.php?id=18 [2.1.2008]

2.2.　Geschichte

Die Geschichte der Musiktherapie reicht schon in die Urzeit zurück. Schon zu Urzeiten wurde der Musik eine heilende Wirkung zugesprochen, von der schon die Naturvölker Gebrauch machten. Dabei spielten magische Riten und Praktiken, bei denen Musik, Tanz und Heilgesang verwendet wurden eine wichtige Rolle. Bei diesen Ritualen verfielen die Kranken bzw. die Heiler in einen tranceartigen Zustand, in dem die Götter beschworen und Dämonen vertrieben wurden. Diese ekstatischen Heilpraktiken dominierten bis in die Frühantike.

Während in den Überlieferungen aus der Zeit des alten Ägyptens, Persiens und Israels, sowie der frühen griechischen Antike (ca. 1000 v. Chr.) die Heilwirkung von Musik auf magisch-mythischer Ebene verstanden wurde, entsprachen die Vorstellungen der Pythagoreer (ca. 500 v. Chr.) bereits einer rationalen Wissenschaftlichkeit. Die Musik diente, bei den Pythagoreern, zur Wiederherstellung geistig-seelischer Harmonie und psycho-physischer Proportionen. Die Pythagoreer gingen davon aus, dass sich kranke Menschen in Unordnung befanden, die harmonisiert werden musste.[2] In dieser Zeit entdeckte Pythagoras auch die Intervallbeziehungen und formulierte Zahlenverhältnisse der Intervalle zueinander (z.B. Oktave 2:1). Auch Platon war der Meinung, dass Musik ein geeignetes Mittel zur Erziehung der Seele sei. Später wandelte Aristoteles die Betrachtungsebene der Musik vom „metaphysisch-ideellen" hin zum „sinnlich-empirischen". Er beruft sich nicht auf Zahlenverhältnisse, sondern zieht Schlüsse aus beobachteten Tatsachen. Einzelne musikalische Faktoren haben für ihn spezielle Effekte. Aristoteles empfiehlt die Musik als Mittel zur Erziehung, der geistvollen Muße und der Katharsis (Reinigung).[3] In der christlichen Welt des Mittelalters (500-1500 v. Chr.) schenkten die Menschen den antiken Theorien von der Heilwirkung der Musik kaum Bedeutung, jedoch stellte die Musik einen wichtigen Bestandteil innerhalb der medizinischen Ausbildung dar. Die Vorstellung, dass Musik die Fähigkeit besitzt böse Dämonen zu vertreiben war weit verbreitet.

---

[2] http://www.musiktherapie.de/fileadmin/user_upload/medien/pdf/Geschichte_Musiktherapie.pdf [24.2.2008]
[3] Strobel ,Wolfgang, Huppmann, Gernot: *Musiktherapie- Grundlagen, Formen, Möglichkeiten,* 2. Auflage, Göttingen (u.a.) 1991, S. 18

Später griff man antike Vorstellungen der Analogie von Puls und Musik wieder auf. Im Mittelalter wurde ein Mensch als krank bezeichnet, wenn sein Puls im Tempo und Intensität von der Norm abwich.[4] Bis 1550 gehörte die Musik zum Fächerkanon eines Medizinstudiums. Im ausgehenden Mittelalter und in der Zeit der Renaissance (15./16. Jahrhundert) nahm das Interesse an der Musik als Heilmittel wieder zu. Wissenschaftler beschäftigten sich mit den Zusammenhängen von Musik und menschlichen Affekten, vor allem der Melancholie. Melancholische Patienten wurden z.B. aufgefordert auf der Leier zu spielen und zu singen, was ein Hinweis auf die erste Form der aktiven Musiktherapie darstellt.[5] In dieser Zeit war man der Auffassung, dass durch die harmonisierten Schwingungen der Musik die Lebensgeister reaktiviert, das Blut verdünnt und die körpereigenen Säfte in ihrer Konsistenz normalisiert werden. Die Regulation des Blutes stand auch im Barock im Vordergrund der Musiktherapie. Im 17./18. Jahrhundert entstand eine neue musiktherapeutische Richtung, die „Iatromusik" (Arztmusik). Alle Vertreter sind der mechanische Interpretation der Wirkung von Musik zugehörig. Ein Vertreter war auch Atanasius Kircher, welcher die Wirkung der Musik mit dem Konzept der Übertragung der Luftschwingungen auf die im Blut gelösten „spiritus animalis" (Lebensgeister), welche als Vermittler zwischen Körper und Seele fungierten, erklärte. In dieser Epoche erfährt die Musiktherapie eine breite praktische Anwendung.[6] In der romantischen Medizin (Ende 18./ Anfang 19. Jahrhundert) wandte man sich von der rein mechanischen Anschauung der Aufklärung wieder ab. Im 19. Jahrhundert verlor die Medizin den Bezug zum klassischen medizinischen Bereich der körperlichen Erkrankungen und fand ihren neuen psychologisch ausgerichteten Schwerpunkt in der Behandlung von psychisch und psychogenen Krankheiten, da körperliche Leiden indirekt als Folge der psychischen Beeinflussung gesehen wurden. Die Musiktherapie verschwand aus dem Blickfeld der Ärzte und war nur noch vereinzelt in Psychiatrien anzutreffen.[7]

---

[4] http://www.musiktherapie.de/fileadmin/user_upload/medien/pdf/Geschichte_Musiktherapie.pdf [24.2.2008]
[5] Strobel ‚Wolfgang, Huppmann, Gernot: *Musiktherapie- Grundlagen, Formen, Möglichkeiten,* 2. Auflage, Göttingen (u.a.) 1991, S. 19
[6] Strobel ‚Wolfgang, Huppmann, Gernot: *Musiktherapie- Grundlagen, Formen, Möglichkeiten,* 2. Auflage, Göttingen (u.a.) 1991, S. 20
[7] http://www.musiktherapie.de/fileadmin/user_upload/medien/pdf/Geschichte_Musiktherapie.pdf [24.2.2008]

Unter dem Einfluss des Positivismus entstanden Ende des 19. Jahrhunderts eine naturwissenschaftliche Psychologie und eine entsprechende Medizin, sodass die Heilkraft und die Wirkung der Musik neu überprüft wurden. In Folge dessen wurden Veränderungen der Pulsfrequenz, des Blutdrucks, der Durchblutung, des Sauerstoffverbrauchs und der Muskelspannung durch Musikhören entdeckt. Nach dem zweiten Weltkrieg nahm auch in Europa das Interesse an der Musiktherapie zu, wobei weniger von empirischen Untersuchungen, als vielmehr von theoretischen Vorstellungen ausgegangen wurde.[8] In dieser Zeit entwickelten sich vier Bereiche, die die Musiktherapie bis heute maßgeblich beeinflussen:

1. Der heilpädagogische Bereich : P. Nordoff, C. Robbins, J. Alvin und G. Orff [9]
2. Der psychotherapeutische Bereich: G. K. Loos, Dr. Blanke und Dr. Jädicke [10]
3. Der medizinische Bereich: H.H. Teirich [11]
4. Der anthroposophische Bereich: M. Schüppel. [12]

Die Musiktherapie der Gegenwart geht folgenden Weg:
Einerseits werden die bereits Ende des 19. Jahrhunderts begonnenen Untersuchungen über die Wirkung der Musik fort geführt und neue Methoden entwickelt, um auch psychische Effekte besser erfassen zu können. Andererseits setzt sich die Ansicht durch, die Musik als „nonverbales Kommunikationsmittel" zu betrachten und dem entsprechend zu nutzen.[13] Zusätzlich gewinnt der Einfluss der therapeutischen Beziehung auf den Therapieprozess und auf die Entwicklung des Individuums immer mehr an Bedeutung.[14]

---

[8] Strobel ,Wolfgang, Huppmann, Gernot: *Musiktherapie- Grundlagen, Formen, Möglichkeiten*, 2. Auflage, Göttingen (u.a.) 1991, S. 22
[9] http://www.musiktherapie.de/fileadmin/user_upload/medien/pdf/Geschichte_Musiktherapie.pdf [24.2.2008]
[10] ebenda
[11] ebenda
[12] ebenda
[13] Strobel ,Wolfgang, Huppmann, Gernot: *Musiktherapie- Grundlagen, Formen, Möglichkeiten*, 2. Auflage, Göttingen (u.a.) 1991, S. 22
[14] http://www.musiktherapie.de/fileadmin/user_upload/medien/pdf/Geschichte_Musiktherapie.pdf [24.2.2008]

3. Entspannungsmusik

Musik hören ist ein altbewährtes und leicht anzuwendendes Entspannungsmittel. Spezielle Entspannungsmusik begünstigt die Entspannung, da sie von einem 60-Schlag Rhythmus pro Minute dominiert wird, welcher dem entspannten Pulsschlag entspricht.[15] Zudem gibt es verschiedene Arten von Entspannungsmusik, z.B. beruhigende und euphorisierende Musik, die je nach Stimmungslage eingesetzt werden können. Weitere Formen, bei denen Entspannungsmusik zum Einsatz kommt sind z.B. Autogenes Training, Progressive Muskelentspannung und fernöstlichen Heilmethoden wie Yoga, Reiki und Feng Shui.

3.1. Anwendungsgebiete

Entspannungsmusik wird unter anderem zum Abbau des Alltags- und Berufsstresses eingesetzt. Sie erzeugt eine angenehm ruhige Atmosphäre und regt die positive Stimmung an. Weiterhin wird Entspannungsmusik zur Verbesserung der Lern- und Merkfähigkeit, sowie zur Steigerung der Konzentrations- und Leistungsfähigkeit verwendet. Entspannungsmusik wird in Kliniken und Arztpraxen zur Angstlösung und Verstärkung der inneren Ruhe eingesetzt.

Ebenso nutzt man Entspannungsmusik zur Linderung vegetativer Dysfunktionen, Schlafstörungen oder chronischen Schmerzen wie Kopfschmerzen, Migräne und zur Schmerzreduzierung nach Operationen in Kombinationen mit anderen Entspannungsübungen oder bei Herz-Kreislaufproblemen. Desweiteren wird sie eingesetzt, um die Entspannung während physiotherapeutischer Anwendungen (z.B. Massage) zu vertiefen und ist eine ideale Begleitung klassischer Entspannungsverfahren (z.B. Autogenes Training, Progressive Muskelentspannung). Entspannungsmusik fungiert auch als „Trägerwelle" für mentale Übungen, Phantasiereisen oder Suggestionsverfahren, sowie zur Beruhigung hyperaktiver oder aggressiver Kinder. [16]

---

[15] http://www.gesundheitpro.de/Entspannungsmusik-Entspannung-A050829ANONI013535.html [25.2.2008]
[16] http://www.gesundheitpro.de/Entspannungsmusik-Entspannung-A050829ANONI013535.html [25.2.2008]

3.2. Musikmedizin

Die gezielte Einsetzung von Entspannungsmusik liegt heute vor allem im therapeutischen Bereich. Die MusikMedizin arbeitet mit Musik als zusätzlichem Therapeutikum in der medizinischen Behandlung aber ohne Musiktherapeut. Seit Jahren wurde Musik im Zusammenhang mit der klinischen Anwendung getestet und es stellte sich heraus, dass Musik wertvolle therapeutische Eigenschaften besitzt. Als Begriff für den funktional-therapeutischen Einsatz von Musik in der Medizin wird seit einigen Jahren die Bezeichnung "MusikMedizin" benutzt. MusikMedizin steht für eine mathematische, physikalische, physiologische und medizinische Bewertung des Einsatzes von Musik, aber auch für ihren Effekt auf die Therapie.[17] Da laut Pythagoras, sie Harmoniegesetze der Musik dieselben sind wie im menschlichen Organismus, kann die Musik dazu verhelfen, ungeordnete Abläufe in unserem Körper wieder ins Gleichgewicht zu bringen. Wenn die natürliche Harmonie des Organismus wiederhergestellt ist nehmen auch die körperlichen Beschwerden schneller ab. Aus diesem Grund entwickelte Peter Hübner die „Medizinische Resonanz-Therapie-Musik", welche nach den Gesetzen der Harmonie bzw. nach Zahlenproportionen (siehe Pythagoras Zahlenverhältnisse der Intervalle) komponiert wurde.[18] Er geht davon aus, dass das Ohr sehr feinfühlig ist und allerkleinste Impulse und Schwingungen über den 10. Hirnnerv an alle wichtigen Organe des Körpers weitergeleitet werden. Hübner weist auch darauf hin, dass diese Musik nicht zur Unterhaltung dient, sondern rein medizinisch zu betrachten ist. Um einen wirksamen Effekt zu erzielen macht Hübner bestimmt Vorgaben, z.B. sollte die Musik nicht zu laut und mindestens 20 Minuten gehört werden, um Strukturen zu erfassen und diese auf sich wirken zu lassen. Weiterhin muss diese Musik regelmäßig gehört werden, um eine Verbesserung der Beschwerden zu erzielen. Die Medizinische Resonanz-Therapie-Musik umfasst verschiedene CDs, welche für jeweils andere Krankheitsbilder komponiert wurden, wie z.B. Neurodermitis, Migräne, Schlafstörungen, Herz-Kreislaufprobleme oder auch für Schwangere.

---

[17] http://www.deab.org/verf/00121.php?PHPSESSID=841e9a8bcfffa8d7cd7fcd6a37bf7aa0 [27.2.2008]
[18] http://www.gesundheitpro.de/Entspannungsmusik-Entspannung-A050829ANONI013535.html [25.2.2008]

3.3. Alphawellenmusik

Eine besondere Form der Entspannungsmusik ist die sogenannte Alphawellenmusik. Alphawellen (8-12 Hz) sind schwache elektrische Ströme im Gehirn die im Ruhe- und Entspannungszustand auftreten. Diese Musik soll daher einen Zustand körperlicher und seelischer Entspannung im Hinblick auf Atemfrequenz, Herzschlag und Blutdruckveränderung hervorrufen. Durch diesen entspannten Zustand wird das Immunsystem gestärkt und der Körper entwickelt wieder neue Kräfte, insofern die Musik regelmäßig gehört wird. Der Zustand der körperlich-seelischen Entspannung entsteht durch die Verschiebung der Hirnstromkurve, da im Wachzustand vorwiegend Beta-Wellen herrschen und im harmonisierten, entspannten Zustand Alphawellen nachweisbar sind. Entscheidend bei dieser Musik ist auch hier der 60 Schläge Rhythmus pro Minute. Weiteres Merkmal ist eine ausgewogene harmonische, melodische und gleichmäßig fließende Musik.[19] Zu dieser Musik zählt auch die Klangschalenmusik, da einige Klangschalen bestimmte Wellenbewegungen haben, die den Alphawellen entsprechen.

Alphawellenmusik kann als Einschlafhilfe, als Hilfe beim Lernen (erzeugt eine besonders hohe geistige Aufnahmefähigkeit für Informationen) und als Hintergrundmusik für Meditationszwecke genutzt werden. Diese Musik kommt auch häufig als Hintergrundmusik in Arztpraxen, Kliniken, Flughäfen und Bahnhöfen zum Einsatz, da sie helfen soll Stress und Spannungen abzubauen. [20]

---

[19] http://www.gesundheitpro.de/Entspannungsmusik-Entspannung-A050829ANONI013535.html [25.2.2008]
[20] ebenda

4. Studie: „Entspannung durch Musik-Entspannungskassetten?" (Ulrike Karrer)

4.1. Einleitung

Dem gestressten Menschen von heute bietet sich, wie die vorangegangenen Erläuterungen zeigen, eine breite Palette an speziellen CD-Aufnahmen, die eine beruhigende und entspannende Wirkung beim Hören versprechen. Neben mystisch angehauchten Klängen, findet der Kunde unter anderem die passende Musik für jedes Sternzeichen, Naturgeräusche kombiniert mit verträumten Klangteppichen, Yogamusik sowie spezielle Musik gegen Schlafstörungen oder Migräne. Der Preis solcher CDs variiert stark und auch der weniger gut betuchte Käufer findet eine große Auswahl von Meditations- und Entspannungsmusiken. Liest man jene CD-Booklets, fällt auf, dass häufig arzneimittelähnliche Wirkungen von Musik angepriesen werden und dem Kunden Hilfe in konkreten Situationen zugesichert wird. Die Wissenschaftlerin Ulrike Karrer führte eine empirische Studie durch, um die tatsächlichen Wirkungen vom Hören von so genannter Entspannungsmusik, gemeint sind hier sowohl die psychologischen (persönliche Gemütsstimmung, Gefühle, Empfindungen, etc.) als auch die physiologischen Wirkungen (u. a. Herzfrequenz, Blutdruck), festzustellen. Für dieses Vorhaben verwendete sie die Entspannungs-CD mit dem Titel: „In 15 Minuten frisch und ausgeglichen" von Arnd Stein, die die Experimentalgruppe hörte. Die Kontrollgruppe hingegen hörte keine Musik, war demnach akustischer Ruhe ausgesetzt.

4.2. Zum Terminus Entspannung

Jene Art von CDs versprechen Entspannung und Ausgeglichenheit in recht kurzer Zeit. Doch um diesen Sachverhalt exakt untersuchen zu können, muss der Begriff „Entspannung" näher betrachtet werden. Es scheint klar zu sein, was Entspannung ist, wie es ist, wenn man sich ausgeglichen und entspannt fühlt. Doch was ist Entspannung genau und wie äußert sie sich? Wie kann auf wissenschaftlicher Basis die Entspannung eines Menschen nachgewiesen bzw. gemessen werden?

Heiner Gembris hat äußerst detailliert diese Thematik behandelt und erforscht. Zu Beginn seiner Einordnung benennt er das Problem des vielseitig verwendeten Wortes „Entspannung": „Die Schwammigkeit […] gestattet jedem, unter gleichlautenden Vokabeln etwas mehr oder weniger anderes zu verstehen."[21] So führt er Beispiele wie Freud auf, der in Spannungen überwiegend sexuelle Triebspannungen sieht oder Hull, der die Reduktion von Spannungen mit der Reduktion von Bedürfnissen gleichsetzt. In Wörterbüchern ist der Terminus „Anspannung" meist negativ beschrieben, während der Terminus „Entspannung" mit positiven Assoziationen wie „Befreiung" oder „sich von etwas befreien" in Verbindung gebracht wird.[22]

Im Großen und Ganzen lassen sich zwei verschiedene Ebenen der Anspannung und Entspannung feststellen: Erstens die psychische Ebene (das subjektive Empfinden des Menschen) und zweitens die somatische Ebene (die meist unbewussten Veränderungen und Vorgänge im Körper). Während Veränderungen auf der ersten Ebene vorrangig mit Hilfe von Befragungen und Interviews untersucht werden können, führt man physiologische Messungen am Probanden durch, um Veränderungen auf der somatischen Ebene festzustellen. Gembris ist der Ansicht, dass „beim Musikhören zur Entspannung die bewussten psychisch-erlebnismäßigen Veränderungen für das subjektive Entspannungserlebnis von vorrangiger Bedeutung sind"[23] und konzentriert sich daher bei seinen umfangreichen Untersuchungen auf die psychische Entspannung, welche mit den Adjektiven

„ruhig", „gelöst" und „angenehm"

von seinen Versuchspersonen beschrieben werden. Karrer hingegen möchte in ihrer Studie beide Ebenen beleuchten und eventuelle Wechselwirkungen entdecken. Sie untersucht sie die bei Entspannungsverfahren (wie z.B.: Autogenes Training, Yoga, usw.) generell angestrebte Vigilanzsenkung.

---

[21] Gembris, Heiner: Musikhören und Entspannung. Theoretische und experimentelle Untersuchungen über den Zusammenhang zwischen situativen Bedingungen und Effekten des Musikhörens. In der Reihe "Beiträge zur Systematischen Musikwissenschaft", Hg. Helga de la MotteHaber, Band 8, Verlag der Musikalienbuchhandlung Karl Dieter Wagner, Hamburg 1985. S. 73
[22] ebenda
[23] ebenda

Karrer beschreibt dieses Phänomen sehr treffend: „Unter Vigilanzsenkung versteht man nicht nur eine Umschaltung von aktiver zu passiver Aufmerksamkeit, sondern eine weitere Abnahme der Bewusstseinshelligkeit, die [schließlich] in einen schlafähnlichen Versenkungszustand führt [...]"[24]

Um diese Änderung des Bewusstseinszustandes feststellen zu können, müssen mehrere Parameter der Probanden gemessen werden. Die folgende Tabelle[25] gibt einen kurzen Überblick über die einzelnen Messgegenstände und deren Änderung bei vagotoner, beruhigender Reaktion des Körpers.

Parameter	Änderung bei vagotoner Reaktion
Körpertemperatur	sinkt
Amplitudenfrequenzprodukt (AFP)	sinkt
Herzfrequenz	sinkt
Hauttemperatur	steigt – Vigilanzsenkung
Sauerstoffdruck (PO2)	sinkt – Vigilanzsenkung
Kohlendioxiddruck (PCO2)	steigt – Vigilanzsenkung

4.3. Die Methode

4.3.1. Erläuterung der physiologischen Messparameter

Fällt die Körpertemperatur leicht ab, ist dies ein Zeichen einer beruhigenden, entspannten Reaktion der Versuchsperson. Schon geringste Unterschiede von z.B.: 0,1 Grad Celsius, sind laut Karrer signifikant. Das Amplitudenfrequenzprodukt ergibt sich aus der Differenz des systolischen und des diatolischen Blutdruckwertes und der Multiplikation mit der Herzfrequenz. Auch hier deutet ein niedrigerer Wert auf eine beruhigende Reaktion hin.

---

[24] Karrer, Ulrike Entspannung durch Musik-Entspannungskassetten? Physiologische Befunde und ihre Aussage. In: Musikpsychologie, Jahrbuch der Dt. Gesellschaft für Musikpsychologie, Band 14, Göttingen 1999. S. 44
[25] ebenda, S. 46

Befindet sich der Körper hingegen in einem aufmerksamen, gespannten Zustand, werden alle Organe und Muskeln stärker durchblutet und die Körpertemperatur steigt, wobei die Hauttemperatur, um die Wärme im Körper zu konzentrieren, abfällt. Das heißt, die Temperatur der Haut sinkt im entspannten Zustand leicht. Dieser Temperaturabfall ist umso größer, je tiefer sich der Mensch entspannt bzw. beruhigt und ist für die Bestimmung einer Vigilanzsenkung ausschlaggebend. Von gleicher Bedeutung sind auch die Parameter: Sauerstoffdruck und Kohlendioxiddruck, welche Auskunft über die Stoffwechselarbeit des Körpers geben.[26] Außerdem lässt sich über den Energieverbrauch des Körpers feststellen, ob eine sympathische oder eine parasympathische[27] Tätigkeit vorliegt. Karrer bezieht sich hier auf den Wissenschaftler Polzien, der bei seinen Probanden, die Autogenes Training beherrschten, eine Senkung des Bewusstseinszustandes in Kombination mit dem Abfall des Sauerstoffdruckes sowie dem Anstieg des Kohlendioxiddruckes beobachten konnte.

4.3.2. *Erläuterung der psychologischen Parameter*

Die Berücksichtigung hörerspezifischer Parameter wurde in der Studie, zumindest zu Anfang, als gleichermaßen bedeutsam eingestuft. Denn die bloße Auswertung der physiologischen Messwerte kann keine „[…] eindeutige Aussage über Entspannung oder Nicht-Entspannung machen."[28] So geben diese Messungen beispielsweise keine Auskunft über die angenehme oder unangenehme Stimmungslage der Probanden. Außerdem, betont Karrer, sind bestimmte physiologische Parameter u. a. von individuellen Begebenheiten abhängig. Beispielsweise ist die Körpertemperatur der weiblichen Probanden stark zyklusabhängig und die Herzfrequenz wird von der Sportlichkeit und allgemeinen Fitness der jeweiligen Versuchsperson beeinflusst.

---

[26] Bei Patienten auf der Intensivstation werden durch die Überwachung dieser Werte die lebenserhaltenden Funktionen überprüft

[27] Der parasympathische Teil des Autonomen Nervensystems wirkt größtenteils antagonistisch und bewirkt z.B.: das Zusammenziehen der Pupille oder eine Erniedrigung der Herzfrequenz

[28] Karrer, Ulrike: Entspannung durch Musik-Entspannungskassetten? Physiologische Befunde und ihre Aussage. In: Musikpsychologie, Jahrbuch der Deutschen Gesellschaft für Musikpsychologie, Wahrnehmung und Rezeption. Bd. 14. Klaus-Ernst Behne, Günter Klein, Helga de la Motte-Haber (Hrsg.) Göttingen u.a. 1999. S. 47

Um der Individualität der Studienteilnehmer gerecht zu werden, führte Karrer mit ihnen persönliche Interviews. Hier wurde u. a. versucht, Details über die jeweilige musikalische Vorbildung, den persönlichen Musikgeschmack sowie die aktuelle Stimmungslage der Probanden zu erfahren. Zusätzlich wurden Persönlichkeitstests und Befindlichkeitstests durchgeführt, die Karrer mit dem Verweis auf Gembris (1985), der diese sehr umfangreich und detailliert beschreibt, nicht weiter erläutert.

4.3.3. *Zum Untersuchungsgegenstand*

Die Entspannungsmusik „In 15 Minuten frisch und ausgeglichen" (Arnd Stein, 1994)[29] beruht auf dem Zusammenwirken von Musik und suggestiven Texten und wird als Stereo-Tiefensuggestion bezeichnet. Der Begriff erklärt sich wie folgt: Stereo benennt die zweikanalige Übertragungstechnik, durch die ein gegenüber der einkanaligen Übertragung höheres Maß an Transparenz und klanglicher Räumlichkeit erreicht wird. Unter "Tiefensuggestion" verbirgt sich die verstärkte Entspannung durch das Hören von Musik in Verbindung mit verbalen Reizen, leise gesprochen bis geflüstert. Die Autorin fasst abschließend zusammen: „Tiefensuggestion ist damit ein suggestives Verfahren, das durch die Kombination aus Musik und Sprache eine besondere Intensität erreicht."[30] Im CD-Booklet der hier verwendeten Entspannungsmusik ist die Rede von Informationen (Musik und Sprache) die direkt an das Unterbewusstsein gesendet werden, wo sie verarbeitet und auch gespeichert werden. Arnd betont, wie häufig bei Entspannungsmusiken zu lesen, den besonderen Rhythmus, der grundsätzlich 60 Schläge pro Minute beinhaltet, was das Einpendeln von Puls, Atmung und EEG auf den individuellen Ruherhythmus zur Folge habe. Dieser Effekt ist jedoch nicht exakt wissenschaftlich nachgewiesen. Karrer stellt auch skeptisch fest, dass keinerlei Gefahren und negative Folgen der Tiefensuggestion erwähnt oder zumindest in Erwägung gezogen werden.

---

[29] Einen Ausschnitt der Tiefensuggestion von Arnd Stein finden Sie im Anhang S.26
[30] Karrer, Ulrike Entspannung durch Musik-Entspannungskassetten? Physiologische Befunde und ihre Aussage. In: Musikpsychologie, Jahrbuch der Dt. Gesellschaft für Musikpsychologie, Band 14, Göttingen 1999. S. 45

Die regelrecht einseitige Betrachtung der Tiefensuggestion und die fehlende Wissenschaftlichkeit tragen im Allgemeinen nicht zur fortschreitenden Akzeptanz und Glaubwürdigkeit vieler jener musiktherapeutischer Methoden bei. Auch die Anweisung im Booklet der Verbraucher solle fest an die Wirkung der Entspannungsmusik glauben, weist, nicht nur in den Augen von Karrer, auf eine Art Placebo- Effekt hin. Wobei man selbst dann nicht jegliche Wirkung der Musik ausschließlich Placebo-Effekten zu sprechen kann, es könnte sich eher um eine Kombinationswirkung handeln.

4.3.4. Der Versuchsablauf

Ulrike Karrer und Prof. Dr. Paul Polzien führten ihre Untersuchungen im Zeitraum von November 1994 bis Januar 1995 durch. An der Studie nahmen insgesamt 30 Probanden teil die „[…] durch persönliches Ansprechen geworben wurden und somit einen spezifischen Personenkreis darstellen."[31] 20 der Probanden wurden nach dem Zufallsprinzip in die Experimentalgruppe eingeordnet und zehn Personen wurden in die Kontrollgruppe eingeteilt. Von späterer Bedeutung hierbei ist, dass es sich bei den Versuchspersonen überwiegend um Berufsmusiker handelt und alle akademisch gebildet sind. So sind 60 Prozent der Experimentalgruppe und 90 Prozent der Kontrollgruppe Berufsmusiker. Die Versuchsdauer war relativ umfangreich und betrug 90 Minuten. Karrer betont in ihren Ausführungen die lockere Atmosphäre der Versuchssituation. Die Probanden gaben mehrheitlich in den Befindlichkeitstests an, dass sie sich allgemein wohl und nicht unter Druck gesetzt fühlten. Neben der CD „In 15 Minuten frisch und ausgeglichen", sollten die Teilnehmer eigene Musik mitbringen, von der sie sich eine entspannende Wirkung versprachen. Die Personen der Kontrollgruppe bekamen auch Kopfhörer aufgesetzt mit der Anweisung sich jetzt entspannen zu können, jedoch wurde ihnen keine Musik über die Kopfhörer eingespielt, sondern sie hörten demnach akustische Ruhe.

---

[31] ebenda, S. 48

Der Versuch gliedert sich in zwei grobe Phasen, wobei der erste Teil die Wirkung der bereits beschriebenen Entspannungs-CD ergründen soll und der zweite Teil sich mit der Wirkung der, von den Probanden selbst mitgebrachten und von Ihnen als entspannend eingeschätzten, Musik beschäftigt. Zu Beginn des Versuchs betrachten die Forscher die Persönlichkeit sowie das individuelle Wohlbefinden ihrer Studienteilnehmer. Hierbei wurde der Schwerpunkt u. a. auch auf den Musikgeschmack gelegt. Die Probanden sollten Ihre Musikauswahl begründen und Ihre Emotionen in Bezug auf die Musik später im Verlauf des Versuchs darlegen. Danach wurden die verschiedenen physiologischen Messungen durchgeführt. Anschließend hörten die Versuchspersonen zehn Minuten der Testmusik „In 15 Minuten frisch und ausgeglichen". In den letzten drei Minuten der Musikhörphase wurden gleichzeitig die Sauerstoffsättigung, die Herzfrequenz, der Sauerstoff- und Kohlendioxiddruck sowie die Hauttemperatur erneut gemessen, um mögliche Effekte des Hörens der Entspannungsmusik aufdecken zu können. Der zweite Teil der Untersuchung lief nach dem gleichen Muster ab, nur hörten die Versuchspersonen hier zehn Minuten ihrer eigenen, mitgebrachten Musik.

4.4. Zu den Ergebnissen

Ulrike Karrer äußert sich über die Ergebnisse der psychologischen Untersuchungen nur sehr knapp: „Da keine signifikanten Beziehungen zwischen dem Persönlichkeitstests, den Befindlichkeitstests, den Fragebögen und den Reaktionen auf die Musik hergestellt werden konnten [...]" konzentriert sie sich auf die Ergebnisse der physiologischen Messungen. Karrer wertet Ihre Untersuchungen mit Hilfe zweier Hauptwerte aus. Zum einen berechnet sie einen Gesamtentspannungswert. Dieser Wert ergibt sich aus der Differenz der Daten vor und nach einer Testphase. Der Gesamtentspannungswert gibt demnach „[...] einen Einblick in Richtung und Ausmaß der Veränderung."[32] des Entspannungszustandes der Versuchspersonen.

---

[32] ebenda, S. 47

Zum anderen bestimmt die Forscherin aus den Daten der gemessenen Hauttemperatur sowie des Sauerstoff- und Kohlendioxiddruckes die Vigilanzsenkung (V).

Die einzelnen Mittelwerte der beiden Gruppen zeigen deutliche Unterschiede. Sowohl die Entspannungswerte, als auch die Werte der Vigilanzsenkung sind bei der Kontrollgruppe (2 Entspannungsphasen ohne Musikhören) signifikant höher als jene der Versuchsgruppe. Jedoch ist auch die Streuung durchgängig recht hoch, was die Signifikanz der Ergebnisse wieder etwas eindämmt.

In graphischer Aufbereitung geben Karrers Ergebnisse folgendes Bild:
Die Balken der Versuchsgruppe betrachtend, sind „[…]zwischen den Reaktionen der ersten und zweiten Phase fast keine Unterschiede feststellbar […]."[33] Tendenziell ist jedoch eine Verbesserung des Grades der Vigilanzsenkung bei der eigenen Musik (Phase zwei) zu beobachten. Der Entspannungswert der Kontrollgruppe liegt schon in während der ersten Phase deutlich über dem der Versuchsgruppe und erreicht in der zweiten Phase den Mittelwert von 0,7208, während die Versuchsgruppe nur 0,0720 erreicht. Auch im Bereich der Vigilanzsenkung schneidet die Kontrollgruppe deutlich besser ab und erreicht einen Wert von 0,9731, bei einer Zufallswahrscheinlichkeit p von nur 0,08, was die große Signifikanz dieses Ergebnisses zum Ausdruck bringt.

4.5.   Diskussion und Ausblick

Die im Allgemeinen nicht zu erwartenden Ergebnisse geben Anlass zur Ursachenforschung und der Suche nach Erklärungen. Karrer selbst suchte beispielsweise nach Gründen für die besseren Entspannungswerte der Kontrollgruppe in der zweiten Phase im Vergleich zur ersten Phase. Da beide Phasen absolut identisch waren[34], führt Karrer dieses Phänomen auf „[…] die Zeit des Liegens und eventuell auf die Gewöhnung an die Situation […]" zurück.

---

[33] ebenda, S.49
[34] In beiden Phasen war die Gruppe über Kopfhörer akustischer Ruhe ausgesetzt

Diese Erklärung klingt durchaus plausibel, stellt man sich selbst jene Versuchssituation vor: Die ungewollte Aufregung legt sich im Verlauf des Versuchs immer mehr, man kennt in Phase zwei bereits die Art der Befragungen, die Versuchsleiter und die einzelnen Messverfahren, so ist man in Phase zwei wohl eher bereit sich zu entspannen. Es stellt sich hier die Frage nach den Ergebnissen, wenn jener Versuch mit denselben Versuchspersonen einige Wochen später noch einmal durchgeführt worden wäre. Womöglich hätten beide Gruppen im Großen und Ganzen bessere Entspannungs- und Vigilanzwerte erreicht, da die allgemeine Aufregung sich in Grenzen halten dürfte, wenn die Personen den genauen Versuchsablauf und die gesamte Versuchsituation bereits kennen würden. Darüber hinaus sieht Karrer Ursachen ihrer Ergebnisse in der Wahl der Probanden. Da die Probanden größtenteils Berufsmusiker waren oder zumindest ein Instrument beherrschten und demnach alle häufig Musik im Alltag aktiv begegneten, könne ein „Sich- Hingeben"[35] der unbekannten Testmusik erschwert werden.

Gut vorstellbar ist auch, dass die Musiker die Testmusik als befremdlich und besonders die suggestiven Texte womöglich teilweise lächerlich fanden und somit nicht bereit waren den Anweisungen der CD Folge zu leisten oder es zumindest zu versuchen. Leider gibt Karrer keine Auskünfte über die individuellen Aussagen der Versuchsgruppe über die Entspannungsmusik von Arnd Stein. Abschließend fasst Karrer zusammen, dass die Probanden besser beim Hören von akustischer Ruhe entspannen konnten und sie besonders in der zweiten Phase einem Versenkungszustand des Bewusstseins nahe kamen.

Die versprochene Wirkung der Entspannungs-CD konnte jedoch keineswegs nachgewiesen werden. Demnach kann das Hören der eigenen Lieblingsmusik eher zu Entspanntheit führen, als das der Testmusik. Ein Ansatzpunkt für Kritik an der Studie könnte, neben der Auswahl der Probanden, die Dauer der Phasen des Musikhörens sein. Herr Dr. Stein könnte dem entgegensetzen, dass der Titel seiner CD „In 15 Minuten frisch und ausgeglichen" heißt und die Wirkung erst nach vollen 15 Minuten eintritt, oder auch erst nach dem regelmäßigen Hören.

---

[35] Karrer, Ulrike Entspannung durch Musik-Entspannungskassetten? Physiologische Befunde und ihre Aussage
In: Musikpsychologie, Jahrbuch der Dt. Gesellschaft für Musikpsychologie, Band 14, Göttingen 1999. S.50

Dennoch müsste eine gewisse steigende Tendenz des Entspannungswertes auch nach nur 10-minütigem Hören festzustellen sein.

Des Weiteren wird in der Studie nicht erwähnt wie viele der Probanden weiblich und wie viele männlich sind. Karrer selbst erklärt die Unterschiede zum Beispiel in Bezug auf die Körpertemperatur von Männern und Frauen.

Da aber die jeweiligen Differenzen der Messungen vor und nach den Entspannungsphasen verwendet wurden, stellt dieser Fakt wohl kein großes Problem dar. Vermutlich waren auch bei der Auswertung der Entspannungswerte und der Vigilanzwerte keine signifikanten Unterschiede zwischen den Geschlechtern aufgetreten, so dass Karrer folglich diesen Aspekt für nicht erwähnenswert hielt. Dennoch sollte dem Faktor Geschlecht eine gewisse Aufmerksamkeit zuteil werden. Denn verschiedene Studien wie z.B.: Leichner et al. 2001 stellten fest, dass Männer besser beim Hören von lebhaft bewegter Musik entspannen können und Frauen eher ruhigere Musik wählen um zu entspannen.[36] Bei einer Folgestudie sollte die Versuchsgruppe sowie die Kontrollgruppe aus einer gleichen Anzahl Musiker und Nicht- Musiker bestehen, um u. a. zu überprüfen, ob sich Musiker tatsächlich bei akustischer Ruhe am Besten entspannen können und ob für Nicht- Musiker die persönliche Lieblingsmusik geeigneter ist. Um repräsentativere Ergebnisse zu erhalten sollte die Anzahl der Probanden im Allgemeinen erhöht werden.

Bei den Versuchsgruppen, die Musik hören, wäre auch interessant, einige zuerst Ihre Lieblingsmusik hören zulassen und dann in Phase zwei die Testmusik einzusetzen. Wenn die Messungen von Phase zwei dann erhöhte Entspannungswerte aufweisen würden, könnte man dies auf eine Art 'Gewöhnungseffekt' zurückführen. Darüber hinaus könnten die physiologischen Messungen erweitert bzw. ergänzt werden. So gibt beispielsweise der elektrische Hautwiderstand Auskunft über Aktivierung oder Entspannung des Probanden. „[…]Man unterscheidet zwischen tonischen und phasischen Hautwiderstandsänderungen, wobei der tonische Hautwiderstand als Entspannungsindikator dient und sein Wert mit zunehmender Entspannung sinkt."[37]

---

[36] Hesse, Horst- Peter: Musik und Emotion. Springer, Wien 2000. S. 159
[37] Rötter, Günther: Musik und Emotion. Wirkungen von Musik auf das autonome Nervensystem. In: Handbuch der Systematischen Musikwissenschaft.. Bd. 3. Helga de la Motte-Haber (Hrsg.) Laaber, 2005. S. 275

Ein weiterer wichtiger Aspekt sind die Beobachtungen von Heiner Gembris.[38] Er machte die Beobachtung, dass einige seiner Probanden laut der physiologischen Messungen keine erhöhten Entspannungswerte aufzeigten und dennoch angaben, sich wohl und entspannt beim Hören der Musik gefühlt zu haben. Daher rät Gembris, dass der Hörer und seine subjektiven Empfindungen im Mittelpunkt der Untersuchungen stehen sollten, denn diese seien letztendlich ausschlaggebend.

In Karrers Studie sowie in der momentanen Diskussion wird erneut deutlich wie vielschichtig und schwer vorhersehbar die Wirkung von Musik ist. Es gibt demnach nicht die Entspannungsmusik, genauso wenig wie es die passende Musik gibt, sich z.B. das Rauchen abzugewöhnen. Wichtig ist immer die spezielle Situation in der sich der Mensch befindet. Musik ist ein Reiz und Reize können auf Bereitschaft, Gleichgültigkeit und auf Ablehnung treffen. Horst- Peter Hesse gibt ein persönliches Beispiel aus dem Alltag: „[…]Tanzmusik stört mich, wenn ich müde bin und schlafen möchte"[39], so kann man auch Wut und Aggression empfinden, wenn man so genannte Entspannungsmusik (z.B.: Klangflächen mit Flüsterstimmen) hört und man viele Termine im Kopf hat, die noch zu erledigen sind. Heiner Gembris betont dass es „keine Musikrezeption ohne situativen, sozialen und individuellen Kontext"[40] gibt. Er unterstreicht weiter, dass bereits Theoretiker[41] der Barocken Affektenlehre sich bewusst waren, „[…] dass dieselbe Musik in Abhängigkeit von den unterschiedlichen Temperamenten und Verfassungen der Hörer ganz unterschiedliche Wirkungen ausüben kann."[42] Gembris ruft daher nach „[…]methodischer Vielfalt, aber auch nach mehr Mut zu Subjektivität und Unkonventionalität."[43] Denn der Mensch hört Musik immer in einem bestimmten Kontext, daher sollten die Forscher „[…]öfter mal das Labor verlassen"[44] und Feldforschung betreiben.

---

[38] Radio O-Ton WDR-Sendung Lilipuz, Musik und Entspannung. Eine Glaubensfrage. Diskussion am 10.05.2000
[39]Hesse, Horst- Peter: Musik und Emotion. Springer, Wien 2000. S. 93
[40] Gembris Heiner: 100 Jahre musikalische Rezeptionsforschung. Ein Rückblick in die Zukunft. In: Musikpsychologie, Jahrbuch der Dt. Gesellschaft für Musikpsychologie, Band 14, Göttingen 1999. S. 37
[41] z.B.: Athanasius Kircher in seiner Schrift „Phonurgia Nova" 1673
[42] Gembris Heiner: 100 Jahre musikalische Rezeptionsforschung. S. 37
[43] ebenda, S. 38
[44] ebenda, S. 38

Dies taten zum Beispiel der Forscher Sloboda (1999) und seine Mitarbeiter.[45] Sie wollten die Veränderung der Stimmung von Menschen durch Musik näher betrachten und nutzten eine neue und kreative Methode.

Sie statteten ihre Probanden, die Nicht- Musiker waren, mit einem Piepser aus, welchen die Versuchspersonen zusammen mit einem Block mit standardisierten Fragen eine Woche lang bei sich tragen mussten. Die Probanden wurden in zufälligen Abständen angepiepst und sollten dann auf die Musik achten, die gerade in ihrer Umgebung erklang. Sollte in dem Moment keine Musik zu hören sein, sollten sie sich die zuletzt wahrgenommene Musik in Erinnerung rufen und die Fragen des Blockes beantworten. Dort befanden sich eine Reihe von Skalen mit Extremwerten wie beispielsweise „fröhlich" und „traurig" oder „beteiligt" und „unbeteiligt", wodurch die aktuelle Stimmungslage der Personen festgehalten werden konnte. Die Ergebnisse dieser Studie auf das Wesentliche reduziert, kommt man zu folgenden Aussagen: „Musik wird unter den verschiedensten Begleitumständen[46] gehört, dabei ist die Musik selbst sehr selten Hauptthema […]Musik führt insgesamt zu einer Veränderung in Richtung mehr Positivität, mehr Wachheit und mehr Präsenz."[47] Unter dem Sammelbegriff Positivität wurden z.B.: die Stimmungen „fröhlich", „behaglich", „locker", „sicher" und „entspannt" untersucht und zusammen gefasst. Demnach spricht diese Studie auch für die positive und entspannende Wirkung von Musik im Allgemeinen. Hierbei war der Untersuchungsgegenstand eine breite Palette an unterschiedlichen Musikstilen und es ist anzunehmen, dass die Probanden nicht nur oder sogar kaum so genannte Entspannungsmusik gehört haben werden. Abschließend zu den Ergebnissen Karrers Studie ist zu zusammen zufassen, dass Musiker eher bei akustischer Ruhe zur Ruhe kommen, da sie geneigt sind beim Musikhören verstärkt auf musikalische Merkmale und Strukturen zu achten und diese oft zwangsläufig analysieren und somit nur schwer in einen passiven Bewusstseinszustand gelangen können.

---

[45] Spitzner, Manfred: Emotion. In: Musik im Kopf. Hören, Musizieren, Verstehen und Erleben im neuronalen Netzwerk. Schattauer, Stuttgart 2005. S. 393 ff
[46] Wie beispielsweise Geschirrspülen, Autofahren, Sport, Gespräche führen usw.
[47] Spitzner, Manfred: Emotion. In: Musik im Kopf. Hören, Musizieren, Verstehen und Erleben im neuronalen Netzwerk. Schattauer, Stuttgart 2005. S. 393

Auch der Musiker, Psychologe und Musikwissenschaftler Prof. Dr. Heiner Gembris beschreibt seine persönlichen Erfahrungen dementsprechend: „Ich persönlich suche keine Entspannung durch Musik. Irgendwie funktioniert das bei mir nicht. Denn Hören ist für mich eine Aktivität, die mich emotional und geistig beansprucht. […] Wenn mit Entspannung *Ruhe* gemeint ist - höre ich gar nichts. […] Was ich auf gar keinen Fall höre, das sind diese so genannten Entspannungsmusiken. Die reizen mich eher und regen mich auf."[48] Des Weiteren wird klar, dass im Zentrum der Untersuchungen nicht die Entspannungsmusik an sich stehen sollte bzw. stehen kann, sondern der Mensch mit seinen individuellen Empfindungen in einem bestimmten Kontext. Man kann die Wirkung von Musik folglich nur unter Berücksichtigung der Gesamtsituation sinnvoll betrachten und erfolgreich erforschen, denn Musik wird nicht isoliert, sondern immer im Kontext der alltäglichen emotionalen Befindlichkeit des Menschen wahrgenommen.

5. Weitere Aspekte zur Wirkung von Entspannungsmusik

5.1. Der Placebo- Effekt

Besonders die ältere Musikgeschichte erscheint als eine Art Ansammlung von Erzählungen und Anekdoten, die von der heilenden Wirkung von Musik berichten. Eines der ältesten und bekanntesten Beispiele sind die Berichte von David und Saul sowie von Hiob aus dem Alten Testament. Viele Wissenschaftler sprechen sich jedoch gegen einfache Erklärungsmuster und eine Verherrlichung der Musik aus. So auch Klaus- Ernst Behne, der in seiner Schrift: „Kann Musik heilen?" die Heilung 50 Prozent aller psychiatrischen und psychosomatischen Krankheitsbilder dem Placebo-Effekt zuschreibt.[49] So können beispielsweise „[…]eine aufgelegte Hand, Gespräche auf der Couch, ein Urschrei oder eine harmlose Tablette" einem "gläubigen" Patienten helfen seine Krankheit zu überwinden. So sieht er den Placebo- Effekt auch im Feld der Musiktherapie als einen wichtigen nicht zu vernachlässigenden Faktor.

---

[48] Radio O-Ton WDR-Sendung Lilipuz, Musik und Entspannung. Eine Glaubensfrage. Diskussion am 10.05.2000
[49] Behne, Klaus-Ernst: Kann Musik heilen? Heilshoffnungen als Teil des musikalischen Bewusstseins. In: Gehört-Gedacht-Gesehen, Regensburg 1994

Zurückkommend auf die Heilung Hiobs kann man seine gesundheitliche Besserung nicht auf die Musik allein zurückführen, die allgemeinen Bemühungen seiner Frau und andere äußere Einflüsse können zusammen mit der Musik zur Linderung der Beschwerden von Hiob beigetragen haben.

Behne beklagt u. a. die fehlende Wissenschaftlichkeit im Forschungsfeld der Musiktherapie, denn die Heilerfolge der Musiktherapie sind meist nur vom Therapeuten selbst dokumentiert, was keine objektive Einschätzung vermuten lässt. Viele Publikationen und Aussprüche nutzen Floskeln wie „Die Heilkraft der Musik", dies würde jedoch bedeuten, die Kraft liege in der Musik selbst, ohne dass der Patient aktiv mitwirken müsse. Musik wird dadurch als bloßes Mittel zum Zweck gesehen, ohne den Wert der Musik an sich zu schätzen. Doch für nachhaltige Fortschritte ist es, laut Behne, von Bedeutung, dass der Patient das Gefühl hat, er selbst habe mit zur eigenen Heilung beigetragen.

Um die Musiktherapie weiter erfolgreich in der Schulmedizin etablieren zu können, müssen Musiktherapeuten so wissenschaftlich wie möglich über alle ihrer Fälle berichten und sich von einer allgemeinen Verherrlichung der Musik distanzieren. Es kommt durchaus vor, dass wissenschaftliche Studien, deren Ergebnisse die positive Wirkung von Musik nicht bestätigen oder auch negieren, nicht veröffentlicht werden. Diesen Fakt nennt Behne die „Null-Hypothesen-Beschämung"[50] und deutet mit diesem Aspekt auf eine Art Verklärung des aktuellen Forschungsstandes hin.

In Frage gestellt sei hier jedoch nicht, dass der Umgang mit Musik eine Fülle von positiven, lustvollen und beeindruckenden Erfahrungen bewirken kann. Behne möchte dennoch vor der Annahme bzw. dem Glauben: "Musik = Wundermittel" warnen, welche im Handel und in den Medien immer stärker vermitteln wird. Vielmehr rät Klaus-E. Behne zur Nutzung von Musik bzw. Musiktherapie im Rahmen von Gesamttherapiekonzepten.

---

[50] Behne, Klaus-Ernst: Kann Musik heilen? Heilshoffnungen als Teil des musikalischen Bewusstseins. In: Gehört-Gedacht-Gesehen, Regensburg 1994

5.2. Merkmale der Entspannungsmusik

Nach dem Recherchieren und Hören von verschiedensten CDs, die dem Hörer Abbau von Stress und Angespanntheit versprechen, wird deutlich, dass jene Musik nach ähnlichen Gesichtspunkten hergestellt wird. Die 'Schöpfer' der so genannten „Entspannungsmusik" produzieren ihre Musik im Tonstudio nach der vereinfachten Auffassung: ruhige, monotone Musik bewirkt Beruhigung und Entspannung des Hörers, wohingegen lebhafte, rhythmisch stark akzentuierte Musik den Hörer erregt und daher nicht entspannen lässt. Daher weist die heute auf Tonträgern in großer Zahl angebotene „Entspannungsmusik" im Allgemeinen zahlreiche Gemeinsamkeiten auf: Elektrisch, durch Synthesizer erzeugte Klangteppiche, häufig kombiniert mit Naturgeräuschen (Wellenrauschen, Wind, etc.), Tierlauten (Vogelgezwitscher, Bienensummen, etc.) oder Gesängen geprägt von kurzen oft wiederkehrenden Motiven sind hier die Regel. „Beruhigend wirken [...] geringe Lautstärke, langsames Tempo, weiche Betonungen, geringer Tonumfang und eine einfache Harmonik.[51] Durch die meist pentatonische Melodik, die keine Leittonspannungen kennt und durch die möglichst spannungsfreien Harmonieabläufe passiert im Verlauf der oft 15-30minütigen Entspannungsmusiken musikalisch nur sehr wenig, was beruhigend auf den Menschen wirken soll. Dies macht in Anlehnung an Wiegenlieder, die weltweit ähnliche Merkmale aufweisen und beruhigend bzw. einschläfernd wirken sollen, durchaus Sinn. Horst-Peter Hesse fasst die Merkmale von Musik mit beruhigender Wirkung sowie aktivierender Wirkung tabellarisch wie folgt zusammen:

In dieser vereinfachten Darstellung sind alle kontextgebundenen und individuellen Faktoren unberücksichtigt geblieben. Demnach wäre es mit relativ geringem Aufwand möglich, selbst eigene musikalische Sequenzen zu entwerfen und dann mit deren Hilfe zu versuchen sich zu entspannen.

---

[51] Hesse, Horst- Peter: Musik und Emotion. Springer, Wien 2000. S. 156

6. Zum Ausklang

Der Markt der Entspannungsmusik sowie der Musik, die in ganz spezifischen Lebenslagen Hilfe verspricht, hat sich in den letzten Jahren stark vergrößert. Auch wenn nicht zu verleugnen ist, dass Musik eine starke emotionale Wirkung hervorrufen kann, muss deutlich gemacht werden, dass unter bestimmten Umständen, die angepriesene Wirkung ausbleiben kann. So müssen mehrere Voraussetzungen gegeben sein, um sich mit Hilfe von Musik entspannen zu können. Es ist essentiell, dass sich der Hörer wirklich bewusst entspannen will, also mental bereit dazu ist. Dazu benötigt er eine angemessene vertraute oder zumindest sichere Umgebung und eine bequeme Sitz- oder Liegemöglichkeit. Neben den Grundbedingungen wie keinen Hunger und keinen Durst zu verspüren sowie eine angenehme Raumtemperatur spielt der Faktor Zeit eine bedeutsame Rolle. Die Bereitschaft sich Zeit nehmen zu wollen oder überhaupt die Möglichkeit sich Zeit nehmen zu können ist der erste Schritt zur Entspannung. Dann ist es auch möglich, mit Hilfe anderer Mittel oder Tätigkeiten zu entspannen. Dies kann individuell sehr verschieden sein und ist abhängig von persönlichen Erfahrungen, dem kulturellen und sozialen Umfeld sowie dem gegenwärtigem Gemütszustand/ der aktuellen Stimmungslage. So können ein heißes Bad, ein gutes Buch, das Erleben eines klassischen Konzerts, Yoga-Übungen oder das Gespräch/ eine Umarmung mit einem vertrauten Menschen, ebenso als entspannend und angenehm empfunden werden, wie vielleicht das Hören von Entspannungsmusik. Es ist gut vorstellbar, dass Musiker durch die einfachen Strukturen und die immer wiederkehrenden Motive häufig negativ auf diese Musik reagieren und folglich akustische Ruhe oder einen Spaziergang durch den Park bevorzugen. Heiner Gembris (1985) machte des Weiteren die Entdeckung, dass der Organismus erregter, angespannter Personen generell nicht für trophotrope (langsame) Musik zugänglich ist. Die hohe Aktivierung des Menschen kann, laut Gembris, besser durch schnellere lebhaftere Musik abgebaut werden. „Zum einen lenkt sie die Aufmerksamkeit auf sich, zum anderen gibt sie mit positivem Gefühlsausdruck der unspezifischen Aktivierung auch eine positive Tendenz [und wird] durch den als angenehm erlebten, motorischen Mitvollzug der Musik nun langsam abgebaut.[52]" Der abgebauten Erregung entsprechend kann die Person jetzt auch ruhigere Musik aufnehmen, welche zu weiterer Entspannung führen kann. Nun wird auch nachvollziehbar, dass beispielsweise Heavy Metal oder Hard Rock unter Umständen eine entspannende Wirkung zur Folge haben können. Der Mensch als Individuum mit seinen persönlichen Präferenzen, Erfahrungen und Vorstellungen reagiert demnach sehr individuell und in unterschiedlichen Situationen differenziert. Deshalb sollten sich künftige Forschungsprojekte verstärkt auf das Individuum Mensch und seinen speziellen Kontext konzentrieren. Es ist demnach weiterhin „[...] weniger experimentelles Instrumentarium, sondern ein Bündel an methodischer Vielfalt"[53] gefragt. Der allgemeine Themenkomplex "Musik/ Emotionen/ Wirkungen" dürfte auch in Zukunft genug Stoff für weitere Forschungen von Musikpsychologen und anderen Wissenschaftler bereithalten.

Anhang

Ausschnitt aus dem CD-Booklet: Arnd Stein 15 Min. ruhig und ausgeglichen

Den Alltagsstress hinter sich lassen, Ärger und Sorgen vergessen, sich entspannen und neue Kräfte schöpfen - wer möchte das nicht? Diese CD bietet Ihnen eine ideale Möglichkeit, in wenigen Minuten abzuschalten, sich von störenden Gedanken zu befreien und innere Ruhe zu finden.

"In 15 Min. frisch und munter"

Dieser Titel ist eine ideale »seelische Spritze« für zwischendurch: Die anregenden Suggestionen sind erstaunlich wirkungsvoll gegen Müdigkeit, Konzentrationsschwierigkeiten, seelische Erschöpfungszustände und Unlustgefühle. Setzen Sie einfach den Kopfhörer auf - und Sie fühlen sich nach einem erholsamen Phantasiespaziergang frisch und munter!

---

[52] Rötter, Günther: Musik und Emotion. Wirkungen von Musik auf das autonome Nervensystem. In: Handbuch der Systematischen Musikwissenschaft.. Bd. 3. Helga de la Motte-Haber (Hrsg.) Laaber, 2005. S. 277
[53] Gembris, Heiner: 100 Jahre musikalische Rezeptionsforschung. Ein Rückblick in die Zukunft. In: Musikpsychologie, Jahrbuch der Dt. Gesellschaft für Musikpsychologie, Band 14, Göttingen 1999. S. 38

7.   Quellenverzeichnis

Strobel ,Wolfgang, Huppmann, Gernot: Musiktherapie- Grundlagen,
Formen, Möglichkeiten, 2. Auflage, Göttingen (u.a.) 1991

Helga de la Motte-Haber: Musikpsychologie, Eine Einführung. Musikverlag
HansGerig, Köln 1972.

Behne, Klaus-Ernst: Kann Musik heilen? Heilshoffnungen als Teil des musikalischen
Bewusstseins. In: Gehört-Gedacht-Gesehen, Regensburg 1994.

Karrer, Ulrike: Entspannung durch Musik-Entspannungskassetten?
Physiologische Befunde und ihre Aussage. In: Musikpsychologie, Jahrbuch der Dt.
Gesellschaft für Musikpsychologie, Band 14, Göttingen 1999.

Gembris, Heiner (Reprint 2006): Musikhören und Entspannung.
Theoretische und experimentelle Untersuchungen über den Zusammenhang
zwischen situativen Bedingungen und Effekten des Musikhörens. In der Reihe
"Beiträge zur Systematischen Musikwissenschaft", Hg. Helga de la Motte-Haber,
Band 8, Verlag der Musikalienbuchhandlung Karl Dieter Wagner, Hamburg 1985.

Hesse, Horst-Peter: Musik und Emotion. Springer, Wien 2000.

Rötter, Günther: Musik und Emotion. Wirkungen von Musik auf das autonome
Nervensystem. In: Handbuch der Systematischen Musikwissenschaft.. Bd. 3. Helga
de la Motte-Haber (Hrsg.) Laaber, 2005. S. 268-338.

Gembris, Heiner: 100 Jahre musikalische Rezeptionsforschung. Ein Rückblick in die
Zukunft. In: Musikpsychologie, Jahrbuch der Dt. Gesellschaft für Musikpsychologie,
Band 14, Göttingen 1999.

Spitzner, Manfred: Emotion. In: Musik im Kopf. Hören, Musizieren, Verstehen und Erleben im neuronalen Netzwerk. Schattauer, Stuttgart 2005. S.379-399.

Internet

http://www.musiktherapie.de/index.php?id=18 [2.1.2008]

http://www.musiktherapie.de/fileadmin/user_upload/medien/pdf/Geschicht e_Musiktherapie.pdf [24.2.2008]

http://www.gesundheitpro.de/Entspannungsmusik-EntspannungA050829ANONI013535.html [25.2.2008]

http://www.deab.org/verf/00121.php?PHPSESSID=841e9a8bcfffa8d7cd7f cd6a37bf7aa0 [27.2.2008]

http://www.sanftemusik.de/shop-cat-steintiefensuggestion.html [27.2.2008]